Weitere Veröffentlichungen von Olivia Vieweg:
»Es war keinmal« (Schwarzer Turm, 2006)
»Paper Theatre« 2 (Schwarzer Turm, 2006)
»Subway to Sally-Storybook« 1 (Egmont Ehapa Verlag, 2008)
»Paper Theatre« 6 (Schwarzer Turm, 2009)
»Warum Katzen besser sind als Männer« (Carlsen Verlag, 2009)
»Warum Katzen die glücklicheren Menschen sind« (Carlsen Verlag, 2010)
»Warum Katzen keine Diäten machen« (Carlsen Verlag, 2011)
»Subway to Sally-Storybook« 2 (Schwarzer Turm, 2012)
»Endzeit« (Schwarzer Turm, 2012)
»Huck Finn« (Suhrkamp Verlag, 2013)
»Antoinette kehrt zurück« (Egmont Graphic Novel, 2014)
»Bin ich blöd, oder was?!« (Schneiderbuch Verlag, 2014)
»Hingeschlunzt« (Schwarzer Turm, 2014)
»Schwere See, mein Herz« (Suhrkamp Verlag, 2015)
»Augenfutter« (Schwarzer Turm, 2016)
»Endzeit« (Carlsen Verlag, 2016)
»Der ganze alte Scheiß« (Schwarzer Turm, 2018)
»Antigone« (Carlsen Verlag, 2019)
»Zu Erlangen musst du ein Buch machen« (Schwarzer Turm, 2022)

WARUM KATZEN BESSER SIND ALS MÄNNER
... UND ANDERE SCHMERZHAFTE WAHRHEITEN
1. Auflage April 2023
© Olivia Vieweg und Schwarzer Turm, Weimar
www.dickekatze.com
www.olivia-vieweg.de
www.schwarzerturm.de
Druck und buchbinderische Verarbeitung:
Druckerei ADverts Ltd., Lettland
Alle Rechte vorbehalten.

Olivia Vieweg

Warum Katzen besser sind als Männer

Endlich ist die Dicke Katze wieder da!

Und zwar in Buchform! Nachdem meine ersten
Katzenbücher beim Carlsen-Verlag erschienen waren
und längst vergriffen sind, gibt es sie nun
in kleinerer Auflage für die wahren
Liebhaber des flauschigen Fellbündels.

Freut euch auf beliebte Gags aus den ersten Büchern
und ganz neue, bisher unveröffentlichte!
(Zum Thema Weltherrschafft musste doch
dringend mal was gesagt werden!)

Mit den Katzenbüchern fing meine persönliche
Bücher-Reise an und es ist so cool, jetzt diesen
Sammelband in den Händen halten zu können!

Schnurrt euch schön durch!

Olivia

Katzen können stundenlang zuhören
und so tun, als verstünden sie.

Katzen geben sich auch
mit einfachen Dingen zufrieden.

Katzen bekommen auch bei massivem
Haarausfall keine Glatze.

Katzen pinkeln immer im Sitzen.

Katzen plündern nicht heimlich
den Kühlschrank.

Katzen bleiben bis ins hohe Alter sportlich.

Katzen wollen im Bett tatsächlich
nur schmusen.

Katzen lassen ihre Wut nicht an anderen aus.

Katzen bleiben entspannt,
auch wenn Deutschland gerade verliert.

Katzen kommen ohne Entertainment-
programm übers Wochenende.

Katzen teilen immer deinen
Musikgeschmack.

Katzen kann man kastrieren, falls es einem
zuviel werden sollte.

Katzen haben einen angeborenen
Reinlichkeitssinn.

Katzen können sich jeden Tag
ein neues Auto leisten.

Katzen haben keine Bindungsängste.

Katzen haben nichts gegen deine
Kochkünste.

Katzen finden grundsätzlich alles toll,
was du kaufst.

Katzen kann man auch mal zwei Tage alleine lassen,
ohne in ein Chaos zurückzukehren.

Und das Beste ist ... Katzen sind nicht nachtragend,
egal wie unfair man gewesen ist.

Warum Katzen die glücklicheren Menschen sind

Katzen sind glücklicher, weil sie auch
mit reichlich Übergewicht einfach knuffig sind.

Katzen sind glücklicher, weil sie
nicht den Mount Everest besteigen müssen,
um Erleuchtung zu finden.

Katzen sind glücklicher, weil bei ihren Freunden
wirklich nur die inneren Werte zählen.

Katzen sind glücklicher, weil sie sich
von niemandem an die Leine nehmen lassen.

Katzen sind glücklicher, weil sie ungeniert
in den Schnee pinkeln dürfen.

Katzen sind glücklicher, weil sie ganz einfach von Gourmet- auf Hausmannskost umsteigen können.

Katzen sind glücklicher, weil sie alle Übungen
aus der Rückenschule beherrschen.

Katzen sind glücklicher, weil ihnen egal ist,
wie viele Mäuse sich auf ihrem Konto befinden.

Katzen sind glücklicher, weil sie sich gleich
nach dem Aufstehen wieder hinlegen dürfen.

Katzen sind glücklicher, weil sie Beziehungsprobleme
nicht verdrängen, sondern gleich lösen.

Katzen sind glücklicher, weil sie auch
im längsten Stau die Nerven behalten.

Katzen sind glücklicher, weil sie den Weihnachts-
stress getrost verschlafen dürfen.

Katzen sind glücklicher, weil sie für ihre Haare
keine ganze Pflegeserie brauchen.

Katzen sind glücklicher, weil sie die entscheidenden
Dinge nie aus dem Blick verlieren.

Katzen sind glücklicher, weil sie jeden noch so großen Berg Arbeit gelassen nehmen.

Katzen sind glücklicher,
weil sie ihr inneres Kind nicht leugnen.

Katzen sind glücklicher, weil sie sich
nur Gedanken über den Aufstieg machen
und nicht über den Abstieg.

Katzen sind glücklicher, weil der Kater am Morgen danach ein willkommener Gast ist.

Vor allem aber sind Katzen die glücklicheren Menschen,
weil sie den Sinn des Lebens erkannt haben ...

... doch verraten würden sie ihn nie.

Warum Katzen keine Diäten machen

Katzen machen keine Diäten,
weil Fastfood oft attraktiver ist als Slowfood.

Katzen machen keine Diäten, weil sie wissen,
dass ein bisschen Bauchansatz auch nützlich ist.

Katzen machen keine Diäten,
weil sie wissen, dass Fett oben schwimmt.

Katzen machen keine Diäten, weil sie einfach
in den richtigen Spiegel schauen.

Katzen machen keine Diäten,
weil sie ihren Argumenten das nötige Gewicht
verleihen können.

Katzen machen keine Diäten,
weil natürlich nur die Möbel schrumpfen.

Katzen machen keine Diäten, weil die Weight Watchers
sowieso immer ein Auge auf sie haben.

Katzen machen keine Diäten, weil Zufriedenheit sich mit keiner Waage der Welt wiegen lässt.

Katzen machen keine Diäten,
weil sie auch im stressigen Alltag immer
etwas Zeit für Fitness finden.

Katzen machen keine Diäten,
weil man so nicht versehentlich in die Kanalisation
gespült werden kann.

Katzen machen keine Diäten, weil es doch nur
auf die richtigen Relationen ankommt.

Katzen machen keine Diäten,
weil Glücklichmacher nun mal Kalorien haben.

Katzen machen keine Diäten, weil einem so wirklich niemand den Platz streitig macht.

Katzen machen keine Diäten, weil sie gar nicht wissen, dass es ein Trend ist, schlank zu sein.

Katzen machen keine Diäten,
weil sie ihre Zeit lieber für andere Dinge nutzen.

Katzen machen keine Diäten, weil sie überzeugt sind,
dass sie nie alleine auf der Waage stehen.

Katzen machen keine Diäten,
weil es bei einem großen Sportevent schön ist,
einfach nur Zuschauer zu sein.

Katzen machen keine Diäten, weil sie
auf dem Laufsteg immer eine gute Figur machen.

Außerdem machen Katzen keine Diäten,
weil jeder weiß, dass es von einem guten Freund
nie genug geben kann!

Warum Katzen die Welt regieren sollten

Katzen sollten die Welt regieren,
weil sie nur ihren eigenen Pelz tragen.

Katzen sollten die Welt regieren,
weil sie nicht versuchen, jemand zu sein,
der sie nicht sind.

Katzen sollten die Welt regieren,
weil sie keine Paläste brauchen, um reich zu sein.

Katzen sollten die Welt regieren,
weil sie Wert auf biologische Lebensmittel legen.

Katzen sollten die Welt regieren,
weil ein Nickerchen endlich Pflicht wäre.
(Oder zwei oder drei ...)

Katzen sollten die Welt regieren,
weil sie die Geduld erfunden haben.

Katzen sollten die Welt regieren,
weil sie keinen teuren Thron brauchen.

Katzen sollten die Welt regieren,
weil sie bei einem Absturz immer
auf den Beinen landen.

Katzen sollten die Welt regieren,
weil sie wissen, dass man manchmal
gegen den Strom schwimmen muss.

Katzen sollten die Welt regieren,
weil sie jetzt schon beliebter sind
als Sex im Internet.

Katze Schnarcht (15 Stunden) 200.157.321

kommentare

 ♥♥♥♥♥♥♥ !!!!!

Katzen sollten die Welt regieren,
weil sie keine sozialen Medien brauchen,
um mit den Freunden in Kontakt bleiben.

Katzen sollten die Welt regieren,
weil sie gerne ihren Beitrag gegen
die Luftverschmutzung leisten.

Katzen sollten die Welt regieren,
weil sie wissen, dass es nicht wichtig ist,
wie lang die Liste deiner Freunde ist.
Solange du einen echten hast.